चालीसा संग्रह
आरतियों सहित

होली

होली का पर्व ऋतुराज वसंत के आगमन पर फाल्गुन की पूर्णिमा को आनंद और उल्लास के साथ मनाया जाता है। इन दिनों रबी की फसल पकने की तैयारी में होती है। फाल्गुन पूर्णिमा के दिन लोग गाते-बजाते, हँसते-हँसाते अपने खेतों पर जाते हैं। वहाँ से वे जौ की सुनहरी बालियाँ तोड़ लाते हैं। जब होली में आग लगती है तब उस अधपके अन्न को उसमें भूनकर एक-दूसरे को बाँटकर गले मिलते हैं।

होलिका-दहन के संबंध में एक कहानी प्रसिद्ध है—हिरण्यकशिपु की बहन होलिका को वरदान प्राप्त था कि आग उसे जला नहीं सकती। हिरण्यकशिपु ईश्वर को नहीं मानता था। वह अपने को ही सबसे बड़ा मानता था। उसका पुत्र प्रह्लाद अपने पिता के विपरीत ईश्वर पर विश्वास करता था। पिता ने उसे ऐसा करने के लिए बार-बार समझाया, किंतु प्रह्लाद पर कोई असर नहीं हुआ। इस पर हिरण्यकशिपु बहुत क्रुद्ध हुआ। उसने अपने पुत्र को तरह-तरह से त्रास दिए, किंतु प्रह्लाद अपने निश्चय से डिगा नहीं।

अंत में हिरण्यकशिपु ने उसे अपनी बहन होलिका के सुपुर्द कर दिया। होलिका प्रह्लाद को गोद में लेकर आग में बैठ गई। होलिका तो जल गई, किंतु भक्त प्रह्लाद का कुछ भी नहीं बिगड़ा। इस प्रकार होलिका-दहन 'बुराई के ऊपर अच्छाई' की विजय है। एक अन्य कथा के अनुसार, भगवान् श्रीकृष्ण ने इस दिन गोपियों के साथ रासलीला की थी। इसी दिन नंदगाँव में सभी लोगों ने रंग और गुलाल के साथ खुशियाँ मनाई थीं। नंदगाँव और बरसाने की ब्रजभूमि पर इसी दिन बूढ़े और जवान, स्त्री और पुरुष सभी ने एक साथ मिलकर जो रास-रंग मचाया था, होली आज भी उसकी याद ताजा कर जाती है।

पहले प्रीतिभोज का आयोजन होता था; गीतों, फागों के उत्सव होते थे; मिठाइयाँ बाँटी जाती थीं। बीते वर्षों की कमियों पर विचार होता था। इसके बाद दूसरे दिन होली खेली जाती थी। छोटे-बड़े मिलकर होली खेलते थे। अतिथियों को मिठाइयाँ और तरह-तरह के पकवान खिलाकर तथा गले मिलकर विदा किया जाता था।

किंतु आज यह पर्व बहुत घिनौना रूप धारण कर चुका है। इसमें शराब और अन्य

नशीले पदार्थों का भरपूर सेवन होने लगा है। राह चलते लोगों पर कीचड़ उछाला जाता है। होली की जलती आग में घरों के किवाड़, चौकी, छप्पर आदि जलाकर राख कर दिए जाते हैं। खेत-खलिहानों के अनाज, मवेशियों का चारा तक स्वाहा कर देना अब साधारण सी बात हो गई है। रंग के बहाने दुश्मनी निकालना, शराब के नशे में मन की भड़ास निकालना आज होली में आम बात हो गई है।

यही कारण है कि आज समाज में आपसी प्रेम के बदले दुश्मनी पनप रही है। जोड़नेवाले त्योहार मनों को तोड़ने लगे हैं। होली की इन बुराइयों के कारण सभ्य और समझदार लोगों ने इससे किनारा कर लिया है। रंग और गुलाल से लोग भागने लगे हैं। □

संपादन

पं. राम किशोर

प्रकाशक

प्रभात प्रकाशन प्रा. लि.

4/19 आसफ अली रोड, नई दिल्ली–110002

फोन : 011–23289777 • हेल्पलाइन नं. : 7827007777

इ–मेल : prabhatbooks@gmail.com ❖ वेब ठिकाना : www.prabhatbooks.com

संस्करण

2025

पेपरबैक मूल्य

तीन सौ रुपए

मुद्रक

आर–टेक ऑफसेट प्रिंटर्स, दिल्ली

★

CHALISA SANGRAHA (Aartiyon Sahit)

Ed. Pt. Ram Kishore

Published by **PRABHAT PRAKASHAN PVT. LTD.**

4/19 Asaf Ali Road, New Delhi-110002

ISBN 978-93-5521-720-2

₹ 300.00

भूमिका

दैनिक पूजा-पाठ में भक्तजन प्राय: हनुमान चालीसा का पाठ करते हैं। इसमें हनुमानजी के यश का वर्णन होने के कारण भक्तों को यह बहुत भाता है। हनुमान चालीसा की इस लोकप्रियता को देखकर अन्य देवी-देवताओं की महिमा का गुणगान करने के लिए उनसे संबंधित भी चालीसा लिखे गए, जो खूब लोकप्रिय हुए। चालीसा की सबसे बड़ी विशेषता यह है कि इसमें देवी-देवताओं के पराक्रम और प्रताप का सरल रूप में वर्णन किया जाता है, जिसे भक्त आसानी से समझ लेते हैं। दोहा और चौपाई जैसे सरल छंद में होने के कारण उन्हें याद करने में भी आसानी होती है।

पूजा के समय भक्तजन अपनी रुचि के अनुरूप देवी-देवताओं का चालीसा पढ़ सकें, इस हेतु प्रचलित और लोकप्रिय चालीसाओं एवं आरतियों का एक संग्रह प्रकाशित करने का निश्चय किया।

हमें पूर्ण विश्वास है कि इस 'चालीसा संग्रह' को पढ़कर भक्तजन प्रसन्न होंगे।

अनुक्रम

श्रीगणेश चालीसा

जय गणपति सद्गुण सदन कविवर बदन कृपाल।
विघ्न हरण मंगल करण जय जय गिरिजालाल॥

जय जय जय गणपति गणराजू।
मंगल भरण करण शुभ काजू॥

जय गजबदन सदन सुखदाता।
विश्व विनायक बुद्धि विधाता॥

वक्र तुंड शुचि शुंड सुहावन।
तिलक त्रिपुंड भाल मन भावन॥

राजित मणि मुक्तन उर माला।
स्वर्ण मुकुट शिर नयन विशाला॥

पुस्तक पाणि कुठार त्रिशूलं।
मोदक भोग सुगंधित फूलं॥

सुंदर पीतांबर तन साजित।
चरण पादुका मुनि मन राजित॥

धनि शिवसुअन षडानन भ्राता।
गौरी ललन विश्व-विख्याता॥

ऋद्धि-सिद्धि तव चँवर सुधारे।
मूषक वाहन सोहत द्वारे॥

कहौ जन्म शुभ कथा तुम्हारी।
अति शुचि पावन मंगलकारी॥

एक समय गिरिराज कुमारी।
पुत्र हेतु तप कीन्हा भारी॥

भयो यज्ञ जब पूर्ण अनूपा।
तब पहुँच्यो तुम धरि द्विज रूपा॥

अतिथि जानि के गौरी सुखारी।
बहुविधि सेवा करी तुम्हारी॥

अति प्रसन्न ह्वै तुम वर दीन्हा।
मातु पुत्र हित जो तप कीन्हा॥

मिलहि पुत्र तुहि बुद्धि विशाला।
बिना गर्भ धारण यहि काला॥

गणनायक गुण ज्ञान निधाना।
पूजित प्रथम रूप भगवाना॥

अस कहि अंतर्धान रूप ह्वै।
पलना पर बालक स्वरूप ह्वै॥

बनि शिशु रुदन जबहि तुम ठाना।
लखि मुख सुख नहिं गौरि समाना॥

सकल मगन सुखमंगल गावहिं।
नभ ते सुरन सुमन वर्षावहिं॥

शंभु उमा बहुदान लुटावहिं।
सुर मुनिजन सुत देखन आवहिं॥

लखि अति आनंद मंगल साजा।
देखन भी आए शनि राजा॥

निज अवगुण गुनि शनि मन माहीं।
बालक देखन चाहत नाहीं॥

गिरिजा कछु मन भेद बढ़ायो।
उत्सव मोर न शनि तुहि भायो॥

कहत लगे शनि मन सकुचाई।
का करिहो शिशु मोहि दिखाई॥

नहिं विश्वास उमा उर भयऊ।
शनि सों बालक देखन कह्यऊ॥

पड़तहि शनि दृग कोण प्रकाशा।
बालक सिर उड़ि गयो अकाशा॥

गिरिजा गिरीं विकल ह्वै धरनी।
सो दुःख दशा जाइ नहिं वरनी॥

हाहाकार मच्यो कैलाशा।
शनि कीन्हो लखि सुत को नाशा॥

तुरत गरुड़ चढ़ि विष्णु सिधाए।
काटि चक्र सों गज सिर लाए॥

बालक के धड़ ऊपर धारयो।
प्राण मंत्र पढ़ि शंकर डारयो॥

नाम गणेश शंभु तब कीन्हे।
प्रथम पूज्य बुद्धि निधि वर दीन्हे॥

बुद्धि परीक्षा जब शिव कीन्हा।
पृथ्वी कर प्रदक्षिणा लीन्हा॥

चले षडानन भरमि भुलाई।
रची बैठ तुम बुद्धि उपाई॥

चरण मातु-पितु के धर लीन्हे।
तिनकी सात प्रदक्षिण कीन्हे॥

धनि गणेश कहि शिव हिए हरषे।
नभ ते सुरन सुमन बहु बरसे॥

तुम्हरी महिमा बुद्धि बड़ाई।
शेष सहसमुख सके न गाई॥

मैं मतिहीन मलीन दुखारी।
करहुँ कौन विधि विनय तुम्हारी॥

भजत रामसुंदर प्रभुदासा।
लख प्रयाग ककरा दुर्वासा॥

अब प्रभु दया दीन पर कीजै।
अपनी शक्ति भक्ति कुछ दीजै॥

श्रीगणेश यह चालीसा पाठ करै कर ध्यान।
नित नव मंगल गृह बसै लहे जगत सन्मान॥

संवत् अपन सहस्र दश ऋषि पंचमी दिनेश।
पूरण चालीसा भयो, मंगल मूर्ति गणेश॥

श्रीदुर्गा चालीसा

नमो नमो दुर्गे सुख करनी।
नमो नमो अंबे दुःख हरनी॥
निरंकार है ज्योति तुम्हारी।
तिहूँ लोक फैली उजियारी॥

ससि ललाट मुख महा बिसाला।
नेत्र लाल भृकुटि विकराला॥
रूप मातु को अधिक सुहावे।
दरस करत जन अति सुख पावे॥
तुम संसार सक्ति लय कीन्हा।
पालन हेतु अन्न धन दीन्हा॥
अन्नपूर्णा हुई जग पाला।
तुम ही आदि सुंदरी बाला॥
प्रलयकाल सब नासन हारी।
तुम गौरी शिव संकर प्यारी॥
सिवजोगी तुम्हरे गुन गावें।
ब्रह्म बिष्णु तुम्हें नित ध्यावें॥
रूप सरस्वति को तुम धारा।
दे सुबुद्धि ऋषि मुनिन्ह उबारा॥
धरा रूप नरसिंह को अंबा।
परगट भई फाड़ कर खंबा॥
रच्छा करि प्रहलाद बचायो।
हिरनाकुस को स्वर्ग पठायो॥
लछमी रूप धरो जग माहीं।
श्री नारायन अंग समाहीं॥
छीर सिंधु में करत बिलासा।
दया सिंधु दीजै मन आसा॥
हिंगलाज में तुम्हीं भवानी।
महिमा अमित न जाय बखानी॥

मातंगी धूमावति माता।
भुवनेस्वरि बगला सुख दाता॥
श्री भैरव तारा जग तारिनि।
छिन्नभाल भव दुःख निवारिनि॥
केहरि बाहन सोह भवानी।
लांगुर बीर चलत अगवानी॥
कर में खप्पर खड्ग बिराजै।
जाको देख काल डर भाजै॥
सोहै अस्त्र और तिरसूला।
जाते उठत सत्रु हिय सूला॥
नगरकोट में तुम्ही बिराजत।
तिहूँ लोक में डंका बाजत॥
सुंभ निसुंभ दानव तुम मारे।
रक्त बीज संखन संहारे॥
महिषासुर नृप अति अभिमानी।
जेहि अघ भार मही अकुलानी॥
रूप कराल काली को धारा।
सेन सहित तुम तिहि संहारा॥
परी गाढ़ संतन पर जब जब।
भई सहाय मातु तुम तब तब॥
अमर पुरी औरों सब लोका।
तव महिमा सब रहै असोका॥
ज्वाला में है ज्योति तुम्हारी।
तुम्हें सदा पूजें नरनारी॥

प्रेम भक्ति से जो जस गावै।
दुःख दारिद्र निकट नहि आवै॥
ध्यावे तुम्हें जो नर मन लाई।
जन्म मरन ताको छुटि जाई॥
जोगी सुर मुनि कहत पुकारी।
जोग न हो बिन सक्ति तुम्हारी॥
संकर आचारज तप कीन्हो।
काम क्रोध जीति सब लीन्हो॥
निसिदिन ध्यान धरो संकर को।
काहु काल नहि सुमिरो तुमको॥
सक्ति रूप को मरम न पायो।
सक्ति गई तब मन पछितायो॥
सरनागत है कीर्ति बखानी।
जय जय जय जगदंब भवानी॥
भई प्रसन्न आदि जगदंबा।
दई सक्ति नहि कीन्ह बिलंबा॥
मोको मातु कष्ट अति घेरो।
तुम बिन कौन हरे दुःख मेरो॥
आसा तृस्ना निपट सतावै।
रिपु मूरख मोहि अति डरपावै॥
सत्रु नास कीजै महरानी।
सुमिरौं एकचित तुमहि भवानी॥
करौ कृपा हे मातु दयाला।
ऋद्धि सिद्धि दे करहु निहाला॥

जब लगि जियौं दयाफल पाऊँ।
तुम्हरौ जस मैं सदा सुनाऊँ॥
दुर्गा चालीसा जो कोई गावै।
सब सुख भोग परम पद पावै॥
देवीदास सरन निज जानी।
करहु कृपा जगदंब भवानी॥

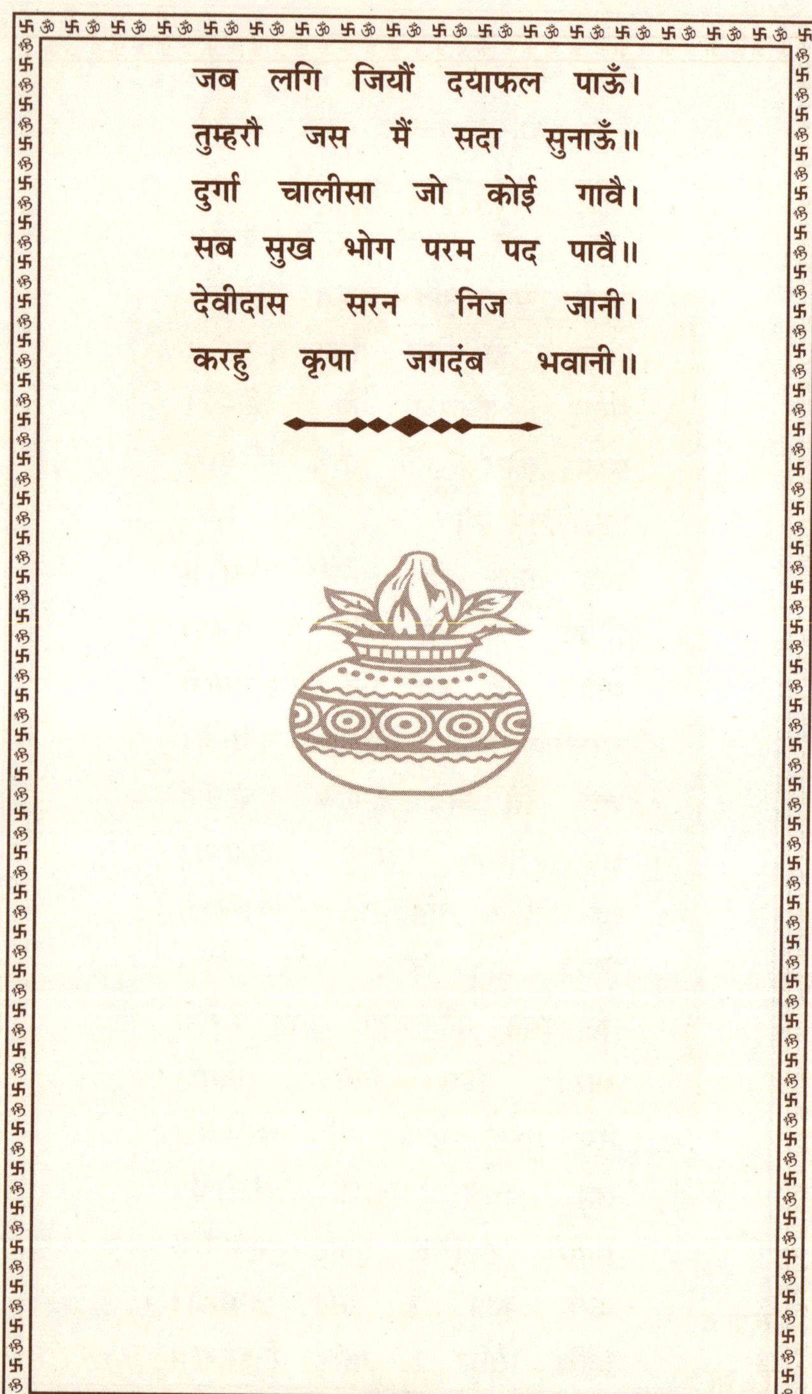

श्रीहनुमान चालीसा

श्रीगुरु चरन सरोज रज, निज मनु मुकुरु सुधारि।
बरनउँ रघुबर बिमल जसु, जो दायकु फल चारि॥

अर्थ—श्रीगुरु महाराज के चरणकमलों की धूलि से अपने मन रूपी दर्पण को पवित्र करके श्रीरघुवीर के निर्मल यश का वर्णन करता हूँ, जो चारों फल—धर्म, अर्थ, काम और मोक्ष–को देने वाला है।

बुद्धिहीन तनु जानिके, सुमिरौं पवन-कुमार।
बल बुधि बिद्या देहु मोहिं, हरहु कलेस बिकार॥

अर्थ—हे पवन कुमार! मैं आपको सुमिरन करता हूँ। आप तो जानते हैं कि मेरा शरीर और बुद्धि निर्बल है। मुझे शारीरिक बल, सद्‌बुद्धि एवं ज्ञान दीजिए और मेरे दु:खों एवं दोषों का नाश कर दीजिए।

जय हनुमान ज्ञान गुन सागर।
जय कपीस तिहुँ लोक उजागर॥

अर्थ—हनुमानजी की जय हो! आपका ज्ञान और गुण अथाह है। हे कपीश्वर! आपकी जय हो! तीनों लोकों—स्वर्ग लोक, भूलोक और पाताल लोक—में आपकी कीर्ति है।

राम दूत अतुलित बल धामा।
अंजनि-पुत्र पवनसुत नामा॥

अर्थ—हे पवनसुत, अंजनीनंदन, श्रीरामदूत! आपके समान दूसरा कोई बलवान नहीं है।

महाबीर बिक्रम बजरंगी।
कुमति निवार सुमति के संगी॥

अर्थ—हे महावीर बजरंगबली! आप तो विशेष पराक्रमवाले हैं। आप दुर्बुद्धि को दूर करते हैं और अच्छी बुद्धिवालों के सहायक हैं।

कंचन बरन बिराज सुबेसा।
कानन कुंडल कुंचित केसा॥

अर्थ—आप सुनहले रंग, सुंदर वस्त्रों, कानों में कुंडल और घुँघराले बालों से सुशोभित हैं।

हाथ बज्र औ ध्वजा बिराजै।
काँधे मूँज जनेऊ साजै॥

अर्थ—आपके हाथ में वज्र और ध्वजा हैं तथा काँधे पर मूँज-जनेऊ की शोभा है।

संकर सुवन केसरीनंदन।
तेज प्रताप महा जग बंदन॥

अर्थ—हे शंकर के अवतार! हे केशरी नंदन! आपके पराक्रम और महान् यश की संसार भर में वंदना होती है।

बिद्यावान गुनी अति चातुर।
राम काज करिबे को आतुर॥

अर्थ—आप प्रकांड विद्यानिधान हैं, गुणवान और अत्यंत कार्यकुशल होकर श्रीराम-काज करने के लिए उत्सुक रहते हैं।

प्रभु चरित्र सुनिबे को रसिया।
राम लखन सीता मन बसिया॥

अर्थ—आप श्रीराम के चरित्र सुनने में आनंद-रस लेते हैं। श्रीराम, सीता और लक्ष्मण आपके हृदय में बसते हैं।

सूक्ष्म रूप धरि सियहिं दिखावा।
बिकट रूप धरि लंक जरावा॥

अर्थ—आपने बहुत छोटा रूप धारण करके सीताजी को दिखलाया और भयंकर रूप धारण करके लंका को जलाया।

भीम रूप धरि असुर सँहारे।
रामचंद्र के काज सँवारे॥

अर्थ—आपने विकराल रूप धारण करके राक्षसों को मारा और श्रीरामचंद्रजी के उद्देश्यों को सफल बनाया।

लाय सजीवन लखन जियाये।
श्रीरघुबीर हरषि उर लाये॥

अर्थ—आपने संजीवनी बूटी लाकर लक्ष्मणजी को जिलाया, जिससे श्रीरघुवीर ने हर्षित होकर आपको हृदय से लगा लिया।

रघुपति कीन्ही बहुत बड़ाई।
तुम मम प्रिय भरतहि सम भाई॥

अर्थ—हे पवनसुत! श्रीरामचंद्रजी ने आपकी बहुत प्रशंसा की और कहा कि तुम मेरे भरत समान भाई हो।

सहस बदन तुम्हरो जस गावैं।
अस कहि श्रीपति कंठ लगावैं॥

अर्थ—श्रीराम ने आपको यह कहकर हृदय से लगा लिया कि तुम्हारा यश हजार मुख से सराहनीय है।

सनकादिक ब्रह्मादि मुनीसा।
नारद सारद सहित अहीसा॥

अर्थ—श्रीसनक, श्रीसनातन, श्रीसनंदन, श्रीसनत्कुमार आदि मुनि, ब्रह्माजी, नारदजी, सरस्वतीजी, शेषनागजी आदि देवता आपके यश को पूरी तरह वर्णन नहीं कर सकते।

जम कुबेर दिगपाल जहाँ ते।
कबि कोबिद कहि सके कहाँ ते॥

अर्थ—यमराज, कुबेर आदि, सब दिशाओं के रक्षक, कवि, विद्वान्, पंडित, या कोई भी आपके यश को पूरी तरह वर्णन नहीं कर सकते।

तुम उपकार सुग्रीवहिं कीन्हा।
राम मिलाय राज पद दीन्हा॥

अर्थ—आपने सुग्रीवजी को श्रीराम से मिलाकर उपकार किया, जिसके कारण वे राजा बने।

तुम्हरो मंत्र बिभीषन माना।
लंकेस्वर भए सब जग जाना॥

अर्थ—आपके उपदेश का विभीषण ने पूर्णत: पालन किया, इसी कारण वे लंका के राजा बने, इसको सब संसार जानता है।

जुग सहस्त्र जोजन पर भानू।
लील्यो ताहि मधुर फल जानू॥

अर्थ—जो सूर्य इतने योजन दूरी पर है कि उस पर पहुँचने के लिए हजार युग लगें। दो हजार योजन की दूरी पर स्थित सूर्य को आपने एक मीठा फल समझकर निगल लिया।

प्रभु मुद्रिका मेलि मुख माहीं।
जलधि लाँघि गये अचरज नाहीं॥

अर्थ—आपने श्रीरामचंद्रजी की अँगूठी मुँह में रखकर समुद्र को पार किया, परंतु आपके लिए इसमें कोई आश्चर्य नहीं है।

दुर्गम काज जगत् के जेते।
सुगम अनुग्रह तुम्हरे तेते॥

अर्थ—संसार में जितने भी कठिन-से-कठिन काम हैं, वे सभी आपकी कृपा से सहज और सुलभ हो जाते हैं।

राम दुआरे तुम रखवारे।
होत न आज्ञा बिनु पैसारे॥

अर्थ—श्रीरामचंद्रजी के द्वार के आप रखवाले हैं, जिसमें आपकी आज्ञा के बिना किसी को प्रवेश नहीं मिल सकता। (अर्थात् बिना हनुमानजी को प्रसन्न किए रामजी को नहीं पाया जा सकता।)

सब सुख लहै तुम्हारी सरना।

तुम रच्छक काहू को डर ना॥

अर्थ—जो आप में शरण लेते हैं, वे सभी खुशी का आनंद लेते हैं। यदि आप रक्षक हैं, तो डरने के लिए क्या है?

आपन तेज सम्हारो आपै।

तीनों लोक हाँक तें काँपै॥

अर्थ—आपके सिवाय आपके वेग को कोई नहीं रोक सकता। आपकी गर्जना से तीनों लोक काँप जाते हैं।

भूत पिसाच निकट नहिं आवै।

महाबीर जब नाम सुनावै॥

अर्थ—आपका 'महावीर' हनुमानजी का नाम सुनकर भूत-पिशाच आदि दुष्ट आत्माएँ पास भी नहीं आ सकतीं।

नासै रोग हरै सब पीरा।

जपत निरंतर हनुमत बीरा॥

अर्थ—आपका निरंतर जप करने से सब रोग नष्ट हो जाते हैं और सब कष्ट दूर हो जाते हैं।

संकट तें हनुमान छुड़ावै।

मन क्रम बचन ध्यान जो लावै॥

अर्थ—हे हनुमानजी! विचार करने में, कर्म करने में और बोलने में, जिनका ध्यान आप में रहता है, उनको सब संकटों से आप छुड़ाते हैं।

सब पर राम तपस्वी राजा।

तिन के काज सकल तुम साजा॥

अर्थ—तपस्वी राजा श्रीरामचंद्रजी सबसे श्रेष्ठ हैं, उनके सब कार्यों को आपने सहजता से कर दिया।

और मनोरथ जो कोइ लावै।
सोइ अमित जीवन फल पावै॥

अर्थ—जिस पर आपकी कृपा हो, वह कोई भी अभिलाषा करे तो उसे ऐसा फल मिलता है, जिसकी जीवन में कोई सीमा नहीं होती।

चारों जुग परताप तुम्हारा।
है परसिद्ध जगत उजियारा॥

अर्थ—चारों युगों सतयुग, त्रेता, द्वापर तथा कलियुग में आपका यश फैला हुआ है, जगत् में आपकी कीर्ति सर्वत्र प्रकाशमान है।

साधु संत के तुम रखवारे।
असुर निकंदन राम दुलारे॥

अर्थ—हे श्रीराम के दुलारे! आप सज्जनों की रक्षा करते हैं और दुष्टों का नाश करते हैं।

अष्ट सिद्धि नौ निधि के दाता।
अस बर दीन जानकी माता॥

अर्थ—आपको माता श्रीजानकी से ऐसा वरदान मिला हुआ है, जिससे आप किसी को भी आठों सिद्धियाँ और नौ निधियाँ दे सकते हैं।

आठ सिद्धियाँ—

1. अणिमा—जिससे साधक किसी को दिखाई नहीं पड़ता और कठिन-से-कठिन पदार्थ में प्रवेश कर जाता है।
2. महिमा—जिसमें योगी अपने को बहुत बड़ा बना देता है।
3. गरिमा—जिससे साधक अपने को चाहे जितना भारी बना लेता है।
4. लघिमा—जिससे जितना चाहे उतना हलका बन जाता है।
5. प्राप्ति—जिससे इच्छित पदार्थ की प्राप्ति होती है।

6. प्राकाम्य—जिससे इच्छा करने पर वह पृथ्वी में समा सकता है, आकाश में उड़ सकता है।

7. ईशित्व—जिससे सब पर शासन का सामर्थ्य प्राप्त हो जाता है।

8. वशित्व—जिससे दूसरों को वश में किया जाता है।

राम रसायन तुम्हरे पासा।
सदा रहो रघुपति के दासा॥

अर्थ—आप निरंतर श्रीरघुनाथजी की शरण में रहते हैं, जिससे आपके पास वृद्धावस्था और असाध्य रोगों के नाश के लिए राम नाम रूपी औषधि है।

तुम्हरे भजन राम को पावै।
जनम जनम के दुःख बिसरावै॥

अर्थ—आपका भजन करने से श्रीरामजी प्राप्त होते हैं और जन्म-जन्मांतर के दुःख दूर होते हैं।

अंत काल रघुबर पुर जाई।
जहाँ जन्म हरि-भक्त कहाई॥

अर्थ—अंत समय श्रीरघुनाथजी के धाम को जाते हैं, और यदि फिर भी जन्म लेंगे तो भक्ति करेंगे तथा श्रीरामभक्त कहलाएँगे।

और देवता चित्त न धरई।
हनुमत सेइ सर्ब सुख करई॥

अर्थ—हे हनुमानजी! आपकी सेवा करने से सब प्रकार के सुख मिलते हैं, फिर अन्य किसी देवता की आवश्यकता नहीं रहती।

संकट कटै मिटै सब पीरा।
जो सुमिरै हनुमत बलबीरा॥

अर्थ—हे वीर हनुमानजी! जो आपका स्मरण करता है, उसके सब संकट कट जाते हैं और सब पीड़ा मिट जाती है।

जै जै जै हनुमान गोसाईं।
कृपा करहु गुरु देव की नाईं॥

अर्थ—हे स्वामी हनुमानजी! आपकी जय हो, जय हो, जय हो! आप मुझ पर कृपालु श्रीगुरुजी के समान कृपा कीजिए।

जो सत बार पाठ कर कोई।
छूटहि बंदि महा सुख होई॥

अर्थ—जो कोई इस हनुमान चालीसा का सौ बार पाठ करेगा, वह सब बंधनों से छूट जाएगा और उसे परमानंद मिलेगा।

जो यह पढ़ै हनुमान चलीसा।
होय सिद्धि साखी गौरीसा॥

अर्थ—भगवान् शंकर ने यह हनुमान चालीसा लिखवाया, इसलिए वे साक्षी हैं कि जो इसे पढ़ेगा, उसे निश्चय ही सफलता प्राप्त होगी।

तुलसीदास सदा हरि चेरा।
कीजै नाथ हृदय महँ डेरा॥

अर्थ—हे नाथ हनुमानजी! तुलसीदास सदा ही श्रीराम का दास है। इसलिए आप उसके हृदय में निवास कीजिए।

पवन तनय संकट हरन, मंगल मूरति रूप।
राम लखन सीता सहित, हृदय बसहु सुर भूप॥

अर्थ—हे संकटमोचन पवन कुमार! आप आनंद-मंगलों के स्वरूप हैं। हे देवराज! आप श्रीराम, सीताजी और लक्ष्मण सहित मेरे हृदय में निवास कीजिए।

श्रीशिव चालीसा

जय शिव शंकर औढरदानी।
जय गिरितनया मातु भवानी॥
सर्वोत्तम योगी योगेश्वर।
सर्वलोक - ईश्वर - परमेश्वर॥

सब उर प्रेरक सर्वनियन्ता।
उपद्रष्टा भर्ता अनुमन्ता॥
पराशक्ति-पति अखिल विश्वपति।
परब्रह्म परधाम परमगति॥
सर्वातीत अनन्य सर्वगत।
निजस्वरूप महिमा में स्थितरत॥
अंगभूति-भूषित श्मशानचर।
भुजंगभूषण चन्द्रमुकुटधर॥
वृषवाहन नंदीगणनायक।
अखिल विश्व के भाग्य-विधायक॥
व्याघ्रचर्म परिधान मनोहर।
रीछचर्म ओढे गिरिजावर॥
कर त्रिशूल डमरूवर राजत।
अभय वरद मुद्रा शुभ साजत॥
तनु कर्पूर-गौर उज्ज्वलतम।
पिंगल जटाजूट सिर उत्तम॥
भाल त्रिपुण्ड मुण्डमालाधर।
गल रुद्राक्ष-माल शोभाकर॥
विधि-हरि-रुद्र त्रिविध वपुधारी।
बने सृजन-पालन-लयकारी॥
तुम हो नित्य दया के सागर।
आशुतोष आनन्द-उजागर॥
अति दयालु भोले भण्डारी।
अग-जग सबके मंगलकारी॥

सती-पार्वती के प्राणेश्वर।
स्कन्द-गणेश-जनक शिव सुखकर॥
हरि-हर एक रूप गुणशीला।
करत स्वामि-सेवक की लीला॥
रहते दोउ पूजत पुजवावत।
पूजा-पद्धति सबन्हि सिखावत॥
मारुति बन हरि-सेवा कीन्ही।
रामेश्वर बन सेवा लीन्ही॥
जग-हित घोर हलाहल पीकर।
बने सदाशिव नीलकंठ वर॥
असुरासुर शुचि वरद शुभंकर।
असुरनिहन्ता प्रभु प्रलयंकर॥
"नमः शिवाय' मन्त्र पञ्चाक्षर।
जपत मिटत सब क्लेश भयंकर॥
जो नर-नारि रटत शिव-शिव नित।
तिनको शिव अति करत परमहित॥
श्रीकृष्ण तप कीन्हों भारी।
ह्वै प्रसन्न वर दियो पुरारी॥
अर्जुन संग लड़े किरात बन।
दियो पाशुपत-अस्त्र मुदित मन॥
भक्तन के सब कष्ट निवारे।
दे निज भक्ति सबन्हि उद्धारे॥
शङ्ख चूड़ जालन्धर मारे।
दैत्य असंख्य प्राण हर तारे॥

अन्धक को गणपति पद दीन्हों।
शुक्र शुक्रपथ बाहर कीन्हों॥
तेहि सजीवनि विद्या दीन्हीं।
बाणासुर गणपति-गति कीन्हीं॥
अष्टमूर्ति पंचानन चिन्मय।
द्वादश ज्योतर्लिङ्ग ज्योतिर्मय॥
भुवन चतुर्दश व्यापक रूपा।
अकिथ अचिन्त्य असीम अनूपा॥
काशी मरत जंतु अवलोकी।
देत मुक्ति-पद करत अशोकी॥
भक्त भगीरथ की रुचि राखी।
जटा बसी गंगा सुर साखी॥
रुरु अगस्त्य उपमन्यू ज्ञानी।
ऋषि दधीचि आदिक विज्ञानी॥
शिवरहस्य शिवज्ञान प्रचारक।
शिवहिं परम प्रिय लोकोद्धारक॥
इनके शुभ सुमिरनतें शंकर।
देत मुदित ह्वै अति दुर्लभ वर॥
अति उदार करुणावरुणालय।
हरण दैन्य-दारिद्रय्-दुःख-भय॥
तुम्हरो भजन परम हितकारी।
विप्र शूद्र सब ही अधिकारी॥
बालक वृद्ध नारि-नर ध्यावहिं।
ते अलभ्य शिवपदको पावहिं॥

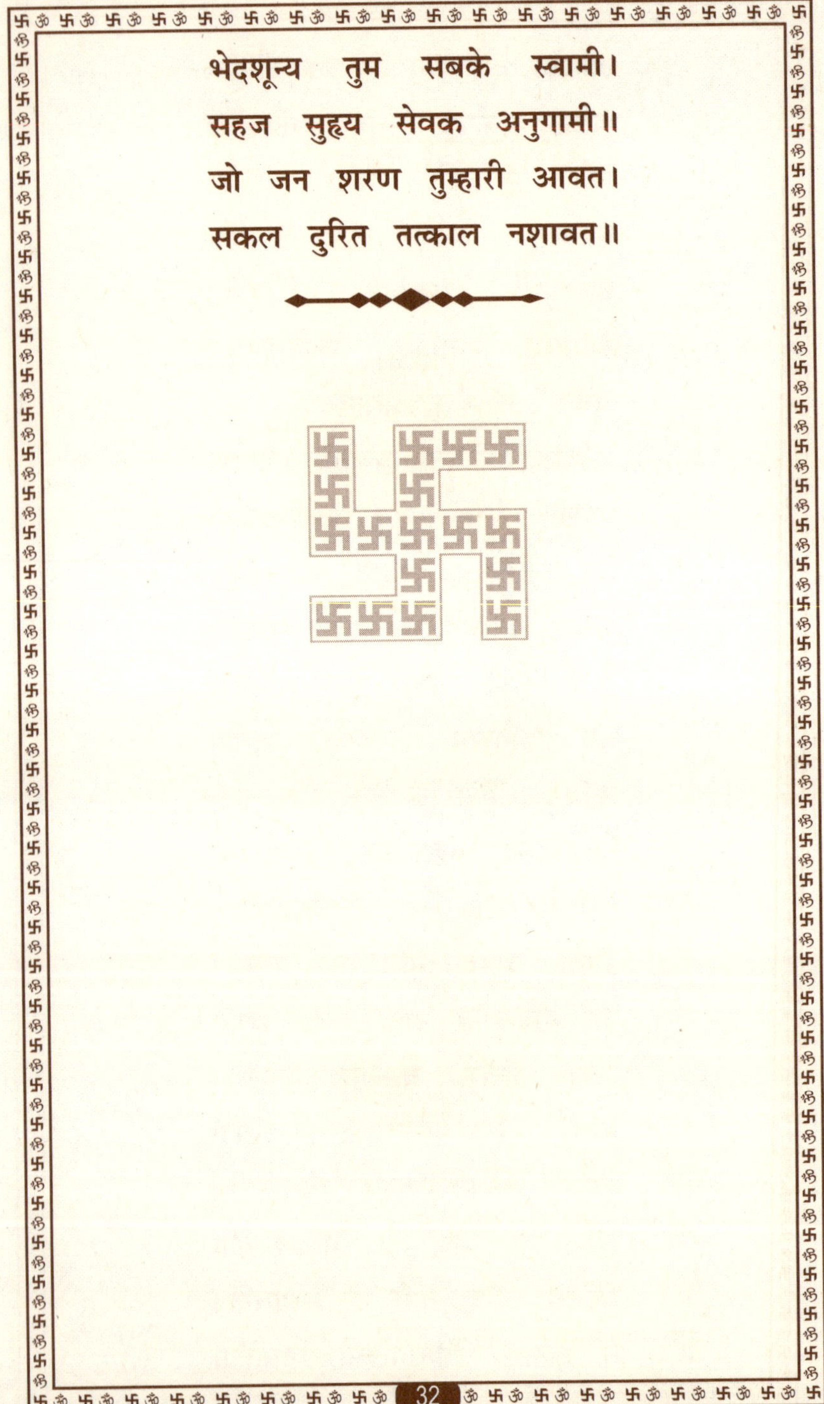

भेदशून्य तुम सबके स्वामी।
सहज सुहृय सेवक अनुगामी॥
जो जन शरण तुम्हारी आवत।
सकल दुरित तत्काल नशावत॥

श्रीकृष्ण चालीसा

वंशी शोभित कर मधुर, नील जलद तन श्याम।
अरुण अधर जनु बिंब फल, नयन कमल अभिराम॥
पूर्ण इंदु अरविंद मुख, पीतांबर शुभ साज।
जय मनमोहन मदन छवि, कृष्णचंद्र महाराज॥

जय यदुनंदन जय जगवंदन।
जय वसुदेव देवकी नंदन॥
जय यसुदा सुत नंद दुलारे।
जय प्रभु भक्तन के दृग तारे॥
जय नटनागर नाथ नथइया।
कृष्ण कन्हैया धेनु चरइया॥
पुनि नख पर प्रभु गिरिवर धारो।
आओ दीनन कष्ट निवारो॥
वंशी मधुर अधर धरि टेरी।
होवे पूर्ण विनय यह मेरी॥
आओ हरि पुनि माखन चाखो।
आज लाज भारत की राखो॥
गोल-कपोल चिबुक अरुणारे।
मृदु मुसकान मोहिनी डारे॥
रंजित राजिव नयन विशाला।
मोर मुकुट बैजंती माला॥
कुंडल श्रवण पीतपट आछे।
कटि किंकिणी काछन काछे॥
नील जलज सुंदर तनु सोहै।
छवि लखि सुर-नर-मुनि मन मोहै॥
मस्तक तिलक अलक घुँघराले।
आओ कृष्ण बाँसुरी वाले॥
करि पय पान, पूतनहिं तार्यो।
अका-बका कागा सुर मार्यो॥

मधुवन जलत अगिन जब ज्वाला।
भई सीतल, लखतहिं नंदलाला॥
सुरपति जब ब्रज चढ्यो रिसाई।
मूसर धार वारि बरसाई॥
लखत-लखत ब्रज चहन बहायो।
गोवर्धन नख धारि बचायो॥
लखि यसुदा मन भ्रम अधिकाई।
मुख महं चौदह भुवन दिखाई॥
दुष्ट कंस अति ऊधम मचायो।
कोटि कमल जब फूल मँगायो॥
नाथि कालियहिं तब तुम लीन्हे।
चरणचिन्ह दे निर्भय कीन्हे॥
करि गोपिन संग रास विलासा।
सबकी पूरन करि अभिलासा॥
केतिक महा असुर संहार्यो।
कंसहिं केस पकड़ि दै मार्यो॥
मात-पिता की बंदि छुड़ाई।
उग्रसेन कहँ राज दिलाई॥
महि से मृतक छहों सुत लाए।
मातु देवकी शोक मिटाए॥
भौमासुर मुर दैत्य संहारी।
लाए षट् दस सहस कुमारी॥
दे भीमहिं तृणचीर इसारा।
जरासंध राक्षस कहं मारा॥

असुर बकासुर आदिक मार्यो।
भक्तन के तब कष्ट निवार्यो॥
दीन सुदामा के दुःख टार्यो।
तंदुल तीन मूठि मुख डार्यो॥
प्रेम के साग विदुर घर माँगे।
दुर्योधन के मेवा त्यागे॥
लखी प्रेम की महिमा भारी।
ऐसे श्याम दीन हितकारी॥
भारत में पारथ रथ हाँके।
लिए चक्र कर नहिं बल थाँके॥
निज गीता के ज्ञान सुनाए।
भक्तन हृदय सुधा बरसाए॥
मीरा थी ऐसी मतवाली।
विष पी गई बजाकर ताली॥
राणा भेजा साँप पिटारी।
शालिग्राम बने बनवारी॥
निज माया तुम विधिहिं दिखायो।
उर ते संशय सकल मिटायो॥
तव शत निंदा करि तत्काला।
जीवन मुक्त भयो शिशुपाला॥
जबहिं द्रौपदी टेर लगाई।
दीनानाथ लाज अब जाई॥
तुरतहिं बसन बने नंदलाला।
बढ़े चीर भए अरि मुँह काला॥

अस अनाथ के नाथ कन्हैया।
डूबत भँवर बचावत नइया॥
सुंदरदास आस उर धारी।
दयादृष्टि कीजै बनवारी॥
नाथ सकल मम कुमति निवारो।
क्षमहु बेगि अपराध हमारो॥
खोलो पट अब दर्शन दीजै।
बोलो कृष्ण कन्हैया की जै॥

यह चालीसा कृष्ण का, पाठ करे उर धारि।
अष्ट सिद्धि नवनिद्धि फल, लहै पदारथ चारि॥

श्रीराम चालीसा

श्री रघुवीर भक्त हितकारी।
सुनि लीजै प्रभु अरज हमारी॥
निशिदिन ध्यान धरै जो कोई।
ता सम भक्त और नहिं होई॥
ध्यान धरे शिवजी मन माहीं।
ब्रह्मा इंद्र पार नहिं पाहीं॥

जय-जय-जय रघुनाथ कृपाला।
सदा करो संतन प्रतिपाला॥
दूत तुम्हार वीर हनुमाना।
जासु प्रभाव तिहूँ पुर जाना॥
तव भुजदंड प्रचंड कृपाला।
रावण मारि सुरन प्रतिपाला॥
तुम अनाथ के नाथ गुसाईं।
दीनन के हो सदा सहाई॥
ब्रह्मादिक तव पार न पावैं।
सदा ईश तुम्हरो यश गावैं॥
चारिउ वेद भरत हैं साखी।
तुम भक्तन की लज्जा राखी॥
गुण गावत शारद मन माहीं।
सुरपति ताको पार न पाहीं॥
नाम तुम्हार लेत जो कोई।
ता सम धन्य और नहिं होई॥
राम नाम है अपरंपारा।
चारिउ वेदन जाहि पुकारा॥
गणपति नाम तुम्हारो लीन्हो।
तिनको प्रथम पूज्य तुम कीन्हो॥
शेष रटत नित नाम तुम्हारा।
महि को भार शीश पर धारा॥
फूल समान रहत सो भारा।
पाव न कोउ तुम्हारो पारा॥

भरत नाम तुम्हरो उर धारो।
तासों कबहुँ न रण में हारो॥
नाम शत्रुध्न हृदय प्रकासा।
सुमिरत होत शत्रु कर नासा॥
लषन तुम्हारे आज्ञाकारी।
सदा करत संतन रखवारी॥
ताते रण जीते नहिं कोई।
युद्ध जुरे यमहूँ किन होई॥
महालक्ष्मी धर अवतारा।
सब विधि करत पाप को छारा॥
सीता नाम पुनीता गायो।
भुवनेश्वरी प्रभाव दिखायो॥
घट सों प्रकट भई सो आई।
जाको देखत चंद्र लजाई॥
सो तुमरे नित पाँव पलोटत।
नवों निधि चरणन में लोटत॥
सिद्धि आठहूँ मंगलकारी।
सो तुम पर जावै बलिहारी॥
औरहु जो अनेक प्रभुताई।
सो सीतापति तुमहिं बनाई॥
इच्छा ते कोटिन संसारा।
रचत न लागत पल की वारा॥
जो तुम्हरे चरणन चित लावै।
ताकी मुक्ति अवसि हो जावै॥

जय जय जय प्रभु ज्योति स्वरूपा।
निर्गुण ब्रह्म अखंड अनूपा॥
सत्य सत्य सत्य ब्रत स्वामी।
सत्य सनातन अंतर्यामी॥
सत्य भजन तुम्हरो जो गावै।
सो निश्चय चारों फल पावै॥
सत्य शपथ गौरीपति कीन्ही।
तुमने भक्तिहिं सब सिधि दीन्ही॥
सुनहु राम तुम तात हमारे।
तुमहिं भरत कुल पूज्य प्रचारे॥
तुमहिं देव कुलदेव हमारे।
तुम गुरुदेव प्राण के प्यारे॥
जो कुछ हो सो तुम ही राजा।
जय-जय-जय प्रभु राखो लाजा॥
राम आत्मा पोषण हारे।
जय-जय-जय दशरथ के दुलारे॥
ज्ञान हृदय दो ज्ञान स्वरूपा।
नमो-नमो जय जगपति भूपा॥
धन्य-धन्य तुम धन्य प्रतापा।
नाम तुम्हार हरत संतापा॥
सत्य शुद्ध देवन मुख गाया।
बजी दुंदुभी शंख बजाया॥
सत्य-सत्य तुम सत्य सनातन।
तुम ही हो हमरे तन-मन-धन॥

याको पाठ करे जो कोई।
ज्ञान प्रकट ताके उर होई॥
आवागमन मिटै तिहि केरा।
सत्य वचन माने शिव मेरा॥
और आस मन में जो होई।
मनवांछित फल पावे सोई॥
तीनहुँ काल ध्यान जो ल्यावै।
तुलसीदल अरु फूल चढ़ावै॥
साग पत्र सो भोग लगावै।
सो नर सकल सिद्धता पावै॥
अंत समय रघुवर पुर जाई।
जहाँ जन्म हरि भक्त कहाई॥
श्री हरिदास कहै अरु गावै।
सो बैकुंठ धाम को जावै॥

सात दिवस जो नेम कर, पाठ करे चित लाय।
हरिदास हरि कृपा से, अवसि भक्ति को पाय॥
राम चालीसा जो पढ़े, राम चरन चित लाय।
जो इच्छा मन में करै, सकल सिद्ध हो जाय॥

श्रीसरस्वती चालीसा

जनक जननि पद कमल रज, निज मस्तक पर धारि।
बंदौ मातु सरस्वती, बुधि बल दे दातारि॥
पूर्ण जगत् में व्याप्त तव, महिमा अमित अनंतु।
रामसागर के पाप को, मातु तूही अब हंतु॥

जय श्री सकल बुद्धि बलरासी।
जय सर्वज्ञ अमर अविनासी॥
जय-जय-जय वीणाकर धारी।
करती सदा सुहंस सवारी॥
रूप चतुर्भुजधारी माता।
सकल विश्व अंदर विख्याता॥
जग में पाप बुद्धि जब होती।
जबहि धर्म की फीकी ज्योति॥
तबहि मातु ले निज अवतारा।
पाप हीन करती महि तारा॥
बाल्मीकि जो था हत्यारा।
तव प्रसाद जानै संसारा॥
रामायण जो रचे बनाई।
आदिकवि की पदवी पाई॥
कालिदास जो भए विख्याता।
तेरी कृपा दृष्टि से माता॥
तुलसी सूर आदि विद्वाना।
भए और जो ज्ञानी नाना॥
तिन्हहिं जो और रहेउ अवलंबा।
केवल कृपा आपकी अंबा॥
करहु कृपा सोइ मातु भवानी।
दुखित दीन निज दासहिं जानी॥
पुत्र करइ अपराध बहूता।
तेहि न धरइ चित सुंदर माता॥

राखु लाज जननी अब मेरी।
विनय करूँ बहु भाँति घनेरी॥
मैं अनाथ तेरी अवलंबा।
कृपा करउ जय-जय जगदंबा॥
मधु कैटभ जो अति बलवाना।
बाहुयुद्ध विष्णु ते ठाना॥
समर हजार पाँच में घोरा।
फिर भी मुख उनसे नहिं मोरा॥
मातु सहाय भई तेहि काला।
बुधि विपरीत करी खल हाला॥
तेहि ते मृत्यु भई खल केरी।
पुरवहु मातु मनोरथ मेरी॥
चंड-मुंड जो थे विख्याता।
छिन महुँ संहारेउ तेहि माता॥
रक्तबीज से समरथ पापी।
सुर-मुनि हृदय धरा सब काँपी॥
काटेउ सिर जिम कदली खंबा।
बार-बार बिनवऊँ जगदंबा॥
जगप्रसिद्ध जो शुंभ-निशुंभा।
छिन में बधे ताहि तू अंबा॥
भरत-मातु बुधि फेरेउ जाई।
रामचंद्र बनवास कराई॥
एहि विधि रावन वध तुम कीन्हा।
सुर-नर-मुनि सबकहुँ सुख दीन्हा॥

को समरथ तव यश गुन गाना।
निगम अनादि अनंत बखाना॥
विष्णु रुद्र अज सकहिं न मारी।
जिनकी हो तुम रक्षाकारी॥
रक्त दंतिका और शताक्षी।
नाम अपार है दानव भक्षी॥
दुर्गम काज धरा पर कीन्हा।
दुर्गा नाम सकल जग लीन्हा॥
दुर्ग आदि हरनी तू माता।
कृपा करहुँ जब-जब सुखदाता॥
नृप कोपित जो मारन चाहै।
कानन में घेरे मृग नाहै॥
सागर मध्य पोत के भंगे।
अति तूफान नहिं कोऊ संगे॥
भूत-प्रेत बाधा या दुःख में।
हो दरिद्र अथवा संकट में॥
नाम जपे मंगल सब होई।
संशय इसमें करइ न कोई॥
पुत्रहीन जो आतुर भाई।
सबै छाँड़ि पूजै एहि माई॥
करै पाठ नित यह चालीसा।
होय पुत्र सुंदर गुण ईसा॥
धूपादिक नैवेद्य चढ़ावै।
संकट रहित अवश्य हो जावै॥

भक्ति मातु की करै हमेशा।
निकट न आवै ताहि कलेशा॥
बंदी पाठ करें शत बारा।
बंदी पाश दूर हो सारा॥
करहु कृपा भवमुक्ति भवानी।
मो कहं दास सदा निज जानी॥

माता सूरज कांति तव, अंधकार मम रूप।
डूबन ते रक्षा करहु, परूँ न मैं भव-कूप॥
बल बुधि विद्या देहु मोहि, सुनहु सरस्वती मातु।
अधम रामसागरहिं तुम आश्रय देउ पुनातु॥

श्रीलक्ष्मी चालीसा

मातु लक्ष्मी करि कृपा, करो हृदय में बास।
मनोकामना सिद्ध करि, पुरवहु मेरी आस॥
यही मोर अरदास, हाथ जोड़ विनती करूँ।
सब विधि करौ सुपास, जय जननी जगदंबिका॥

सिंधु सुता मैं सुमिरौं तोही।
ज्ञान बुद्धि विद्या देउ मोही॥
तुम समान नहिं कोउ उपकारी।
सब विधि पुरवहु आस हमारी॥
जय-जय-जय जननी जगदंबा।
सबकी तुम ही हो अवलंबा॥
तुम ही हो घट-घट की वासी।
विनती यही हमारी खासी॥
जग जननी जय सिंधु कुमारी।
दीनन की तुम हो हितकारी॥
विनवौं नित्य तुमहिं महरानी।
कृपा करौ जग जननि भवानी॥
केहि विधि स्तुति करौं तिहारी।
सुधि लीजै अपराध बिसारी॥
कृपा दृष्टि चितवौ मम ओरी।
जग जननी विनती सुन मोरी॥
ज्ञान बुद्धि जय सुख की दाता।
संकट हरो हमारी माता॥
क्षीर सिंधु जब विष्णु मथायो।
चौदह रत्न सिंधु में पायो॥
चौदह रत्न में तुम सुखरासी।
सेवा कियो प्रभु बन दासी॥
जब जब जन्म जहाँ प्रभु लीन्हा।
रूप बदल तहं सेवहि कीन्हा॥

स्वयं विष्णु जब नर तनु धारा।
लीन्हेउ अवधपुरी अवतारा॥
तब तुम प्रगट जनकपुर माहीं।
सेवा कियो हृदय पुलकाहीं॥
अपनाया तोहि अंतर्यामी।
विश्वविदित त्रिभुवन की स्वामी॥
तुम सम प्रबल शक्ति नहिं आनी।
कहँ लौ महिमा कहौं बखानी॥
मन क्रम वचन करै सेवकाई।
मन इच्छित वांछित फल पाई॥
तजि छल कपट और चतुराई।
पूजहिं विविध भाँति मन लाई॥
और हाल मैं कहौं बुझाई।
जो यह पाठ करै मन लाई॥
ताको कोई कष्ट न होई।
मन इच्छित पावै फल सोई॥
त्राहि-त्राहि जय दुःख निवारिणि।
त्रिविध ताप भव बंधन हारिणि॥
जो यह पढ़े और पढ़ावै।
ध्यान लगाकर सुनै सुनावै॥
ताको कोइ न रोग सतावै।
पुत्रादिक धन संपति पावै॥
पुत्रहीन अरु संपतिहीना।
अंध बधिर कोढ़ी अति दीना॥

विप्र बोलाय कै पाठ करावै।
शंका दिल में कभी न लावै॥
पाठ करावै दिन चालीसा।
ता पर कृपा करैं गौरीसा॥
सुख संपत्ति बहुत सा पावै।
कमी नहीं काहू की आवै॥
बारह मास करै जो पूजा।
तेहि सम धन्य और नहिं दूजा॥
प्रतिदिन पाठ करै मन माहीं।
उन सम कोउ जग में कहुँ नाहीं॥
बहुविधि क्या मैं करौं बड़ाई।
लेय परीक्षा ध्यान लगाई॥
करि विश्वास करै व्रत नेमा।
होय सिद्ध उपजै उर प्रेमा॥
जय-जय-जय लक्ष्मी भवानी।
सब में व्यापत हो गुण खानी॥
तुम्हरो तेज प्रबल जग माहीं।
तुम सम कोउ दयालु कहुँ नाहीं॥
मोहिं अनाथ की सुधि अब लीजै।
संकट काटि भक्ति मोहिं दीजै॥
भूल चूक करि क्षमा हमारी।
दर्शन दीजै दशा निहारी॥
बिन दर्शन व्याकुल अधिकारी।
तुमहिं अक्षत दुःख सहते भारी॥

नहिं मोहिं ज्ञान बुद्धि है तन में।
सब जानत हो अपने मन में॥
रूप चतुर्भुज करके धारण।
कष्ट मोर अब करहु निवारण॥
केहि प्रकार मैं करौं बड़ाई।
ज्ञान बुद्धि मोहिं नहिं अधिकाई॥

त्राहि-त्राहि दुःख हारिणी, हरो बेगि सब त्रास।
जयति-जयति जय लक्ष्मी, करो शत्रु का नाश॥
रामदास धरि ध्यान नित, विनय करत कर जोर।
मातु लक्ष्मी दास पर, करहु दया की कोर॥

श्रीसंतोषी माता चालीसा

बंदौ संतोषी चरण, ऋद्धि-सिद्धि दातार।
ध्यान धरत ही होत नर, दुःख-सागर से पार॥
भक्तन को संतोष दे, संतोषी तव नाम।
कृपा करहु जगदंबे अब, आया तेरे धाम॥

जय संतोषी माता अनुपम।
शांति दायिनी रूप मनोरम॥
सुंदर वरण चतुर्भुज रूपा।
वेश मनोहर ललित अनूपा॥
श्वेतांबर रूप मनहारी।
माँ तुम्हरी छवि जग से न्यारी॥
दिव्य स्वरूपा आयत लोचन।
दर्शन से हो संकट मोचन॥
जय गणेश की सुता भवानी।
ऋद्धि सिद्धि की पुत्री ज्ञानी॥
अगम अगोचर तुम्हरी माया।
सब पर करो कृपा की छाया॥
नाम अनेक तुम्हारे माता।
अखिल विश्व है तुमको ध्याता॥
तुमने रूप अनेकों धारे।
को कहि सके चरित्र तुम्हारे॥
धाम अनेक कहाँ तक कहिए।
सुमिरन तव करके सुख लहिए॥
विंध्याचल में विंध्यवासिनी।
कोटेश्वर सरस्वती सुहासिनी॥
कलकत्ते में तू ही काली।
दुष्ट नाशिनी महाकराली॥
सँभल पुर बहुचरा कहाती।
भक्तजनों का दुःख मिटाती॥

ज्वालाजी में ज्वाला देवी।
पूजत नित्य भक्त जन सेवी॥
नगर बंबई की महारानी।
महालक्ष्मी तुम कल्याणी॥
मदुरा में मीनाक्षी तुम हो।
सुख-दुःख सबकी साक्षी तुम हो॥
राजनगर में तुम जगदंबे।
बनी भद्रकाली तुम अंबे॥
पावागढ़ में दुर्गा माता।
अखिल विश्व तेरा यश गाता॥
काशी पुराधीश्वरी माता।
अन्नपूर्णा नाम सुहाता॥
सर्वानंद करो कल्याणी।
तुम्हीं शारदा अमृत वाणी॥
तुम्हरी महिमा जल में थल में।
दुःख दरिद्र सब मेटो पल में॥
जेते ऋषिवर और मुनीशा।
नारद देव और देवेशा॥
इस जगती के नर और नारी।
ध्यान धरत हैं मात तुम्हारी॥
जा पर कृपा तुम्हारी होती।
वह पाता भक्ति का मोती॥
दुःख दरिद्र संकट मिट जाता।
ध्यान तुम्हारा जो जन ध्याता॥

जो जन तुम्हरी महिमा गावै।
ध्यान तुम्हारा कर सुख पावै॥
जो मन राखे शुद्ध भावना।
ताकी पूरण करो कामना॥
कुमति निवारि सुमति की दात्री।
जयति जयति माता जगधात्री॥
शुक्रवार का दिवस सुहावन।
जो व्रत करे तुम्हारा पावन॥
गुड़ छोले का भोग लगावै।
कथा तुम्हारी सुने सुनावै॥
विधिवत् पूजा करे तुम्हारी।
फिर प्रसाद पावे शुभकारी॥
शक्ति-सामरथ हो जो धन को।
दान-दक्षिणा दे विप्रन को॥
वे जगती के नर और नारी।
मनवांछित फल पावैं भारी॥
जो जन शरण तुम्हारी जावे।
सो निश्चय भव से तर जावे॥
तुम्हरो ध्यान कुमारी ध्यावे।
निश्चय मनवांछित वर पावै॥
सधवा पूजा करे तुम्हारी।
अमर सुहागिन हो वह नारी॥
विधवा धर के ध्यान तुम्हारा।
भवसागर से उतरे पारा॥

जयति जयति जय संकट हरनी।
विघ्न विनाशन मंगल करनी॥
हम पर संकट है अति भारी।
वेगि खबर लो मात हमारी॥
निशिदिन ध्यान तुम्हारो ध्याता।
देहि भक्ति वर हम को माता॥
यह चालीसा जो नित गावे।
सो भवसागर से तर जावे॥

श्रीगायत्री चालीसा

जयति जयति अंबे जयति, यज्ञ गायत्री देवि।
ब्रह्मज्ञान धारनि हृदय, आदिशक्ति सुरसेवि॥

जयति जयति गायत्री अंबा।
काटहु कष्ट न करहु विलंबा॥

तब ध्यावत विधि विष्णु महेसा।
लहत अगम सुख शांति हमेसा॥
तू ही ब्रह्मज्ञान उर धारिणि।
जग तारिणि मगमुक्ति प्रसारिणि॥
जन तन संकट नासनि हारी।
हरनि पिसाच प्रेत दै तारी॥
मंगल मोद भरणि भय नासिनि।
घट-घट वासिनि बुद्धि प्रकासिनि॥
पूरन ज्ञान रत्न की खानी।
सकल सिद्धि दानी कल्यानी॥
शंभु नेत्र नित निरत करैया।
भव भय दारुण दर्प हरैया॥
सर्व काम क्रोधादिक माया।
ममता मत्सर मोह अदाया॥
अगम अनिष्ट हरन महाशक्ति।
सहज भरण भक्तन उर भक्ति॥
ऋत रूप कलि कलुष विभंजनि।
भूर्भुवः स्व स्वतः निरंजनि॥
शब्द "तत् सवितुः' हंस सवारी।
अरु "वरेण्यम्' ब्रह्मदुलारी॥
"भर्गो' जन तनु क्लेस नसावत।
प्रेम सहित "देवस्य' जु ध्यावत॥
"धीमहि' धीर धरत उर माही।
"धियो' बुद्धिबल विमल सुहाही॥

"योनः' नित नवभक्ति प्रकासन।
"प्रचोदयात्' पुंज अघनासन॥
अक्षर-अक्षर महँ गुन रूपा।
अगम अपार सुचरित अनूपा॥
जो गुन शास्त्र न तुम्हरो जाना।
शब्द अर्थ जो सुना न नाना॥
सो नर दुर्लभ अस तन पावत।
कनक घटन पापस करि डारत॥
जब लगि ब्रह्म कृपा नहिं तेरी।
रहहि तबहि लगि ज्ञान की देरी॥
प्रकृति ब्रह्म शक्ति बहुतेरी।
महा व्याहृती नाम घनेरी॥
ॐ तत्त्व निर्गुण जग जाना।
भूः महि रूप चतुर्दल माना॥
भुवः भुवन पालन सुचिकारी।
स्वः अक्षर सोलह दल धारी॥
"तत्' विधिरूप जगत दुःखहारी।
"स' रस रूप ब्रह्म सुखकारी॥
"वि' रचित गंध सिसिर संयुक्ता।
"तुर्' मित घट-घट जीवन मुक्ता॥
"वृ' नत शब्द सुविग्रह कारन।
"रे' स्वसरीर तत्त्वयुत धारन॥
"ण्यम्' सर्वत्र सुपालन कर्ता।
"भर्' त्रिभुवन मुद मंगल भर्ता॥

“गो’ संयुक्त गंध अविनासी।
“दे’ तन बुद्धि बचन सुख रासी॥
“व’ सत् ब्रह्म सुबाहु स्वरूपा।
“स्य’ तनु लसै सतदल अनुरूपा॥
“धी’ जनु प्रकृति शब्द नित कारन।
“म’ नित ब्रह्मरूपिणी धारन॥
“हि’ जहि सर्व ब्रह्म परकासन।
“धियो’ बुद्धि बल विद्या वासन॥
“यो’ सर्वत्र लसत थल जल निधि।
“नः’ नित तेज पुंज जग बहु विधि॥
“प्र’ बल अनिलकाय नित कारन।
“चो’ परिपूर्ण सिव श्री धारन॥
“द’ मन करत प्रकट अध शक्ति।
“यात्’ प्रवेश करे हरि भक्ति॥
जयति-जयति जय-जय जगधात्री।
जय-जय महामंत्र गायत्री॥
तू ही राम राधिका सीता।
तू श्रीकृष्ण निःसृत श्री गीता॥
आदिशक्ति तू भक्ति भवानी।
जगत जननि फल वांछित दानी॥
तू ही दुर्गा दुर्ग विनासिनि।
उमा रमा बैकुंठ निवासिनि॥
तू श्री भक्ति भैरवी दानी।
तू ही मातु मंगल मिरडानी॥

जेते मंत्र जगत में आहीं।
पर गायत्री सम कोउ नाहीं॥
जाहि ब्रह्म हत्यादिक लागै।
गायत्रिहि जप सो अघ भागै॥
धनि हो धनि त्रैलोक्य वंदिनी।
जय हो जय श्री ब्रह्मनंदिनी॥

श्री गायत्री चालीसा पाठ करै सानंद।
सहज तरै पातक हरै परै न पुनि भव फंद॥
बास होइ गृह लक्ष्मी गहि मन वांछित आस।
आसा पूरन लहि सकल विरच्यो सुंदरदास॥

श्रीशनि चालीसा

जय गणेश गिरिजा सुवन, मंगल करन कृपाल।
दीनन के दुःख दूर करि, कीजै नाथ निहाल॥
जय जय श्री शनिदेव प्रभु, सुनहु विनय महाराज।
करहु कृपा हे रवि तनय, राखहु जन की लाज॥

जयति-जयति शनिदेव दयाला।
करत सदा भक्तन प्रतिपाला॥
चारि भुजा, तनु श्याम विराजै।
माथे रतन मुकुट छवि साजै॥
परम विशाल मनोहर भाला।
टेढ़ी दृष्टि भृकुटि विकराला॥
कुंडल श्रवण चमाचम चमके।
हिये माल मुक्ता मणि दमके॥
कर में गदा त्रिशूल कुठारा।
पल बिच करैं अरिहिं संहारा॥
पिंगल, कृष्णो, छाया, नंदन।
यम, कोणस्थ, रौद्र, दुःख भंजन॥
सौरी, मंद, शनि, दश नामा।
भानु पुत्र पूजहिं सब कामा॥
जा पर प्रभु प्रसन्न ह्वै जाहीं।
रंकहुँ राव करैं क्षण माहीं॥
पर्वतहू तृण होइ निहारत।
तृणहू को पर्वत करि डारत॥
राज मिलत बन रामहिं दीन्हो।
कैकेई की मति हरि लीन्हो॥
बनहूँ में मृग कपट दिखाई।
मातु जानकी गई चुराई॥
लखनहिं शक्ति विकल करि डारा।
मचि गअऊ दल में हाहाकारा॥

रावण की गति-मति बौराई।
रामचंद्र सों बैर बढ़ाई॥
दियो कीट करि कंचन लंका।
बजि बजरंग बीर की डंका॥
नृप विक्रम पर तुहि पगु धारा।
चित्र मयूर निगलि गै हारा॥
हार नौलखा लाग्यो चोरी।
हाथ-पैर डरवायो तोरी॥
भारी दशा निकृष्ट दिखायो।
तेलहिं घर कोल्हू चलवायो॥
विनय राग दीपक महं कीन्हो।
तब प्रसन्न प्रभु है सुख दीन्हो॥
हरिश्चंद्र नृप नारि बिकानी।
आपहुँ भरे डोम घर पानी॥
तैसे नल पर दशा सिरानी।
भूँजी मीन कूद गई पानी॥
श्री शंकरहिं गह्यो जब जाई।
पारवती को सती कराई॥
तनिक विलोकत ही करि रीसा।
नभ उड़ि गयो गौरिसुत सीसा॥
पांडव पर भै दशा तुम्हारी।
बची द्रौपदी होति उघारी॥
कौरव के भी गति मति मार्यो।
युद्ध महाभारत करि डार्यो॥

रवि कहं मुख महं धरि तत्काला।
लेकर कूदि पर्यो पाताला॥
शेष देव लखि विनती लाई।
रवि को मुख ते दियो छुड़ाई॥
वाहन प्रभु के सात सुजाना।
हय दिग्गज गर्दभ मृग श्वाना॥
जंबुक सिंह आदि नग धारी।
सो फल ज्योतिष कहत पुकारी॥
गज वाहन लक्ष्मी गृह आवैं।
हय ते सुख संपति उपजावैं॥
गर्दभ हानि करै बहु काजा।
सिंह सिद्ध कर राज समाजा॥
जंबुक बुद्धि नष्ट कर डारै।
मृग दे कष्ट प्राण संहारै॥
जब आवहिं प्रभु श्वाना सवारी।
चोरी आदि होय डर भारी॥
तैसहि चारि चरण यह नामा।
स्वर्ण लौह चाँदी अरु तामा॥
लौह चरण पर जब प्रभु आवैं।
धन जन संपति नष्ट करावैं॥
समता ताम्र रजत शुभकारी।
स्वर्ण सर्व सुख मंगल भारी॥
जो यह शनि चरित नित गावै।
कबहुँ न दशा निकृष्ट सतावै॥

अद्‌भुत नाथ दिखावैं लीला।
करैं शत्रु के ग्रसि बलि ढीला॥
जो पंडित सुयोग्य बुलवाई।
विधिवत् शनि ग्रह शांति कराई॥
पीपल जल शनि दिवस चढ़ावत।
दीप दान दै बहु सुख पावत॥
कहत रामसुंदर प्रभु दासा।
शनि सुमिरत सुख होत प्रकासा॥

पाठ शनिश्चर देव को, कियो भक्त तैयार।
करत पाठ चालीस दिन, हो भवसागर पार॥

श्रीगंगा चालीसा

जय-जय-जय जग पावनी जयति देवसरि गंग।
जय शिव जटा निवासिनी अनुपम तुंग तरंग॥
जय जग जननि हरण अध खानी।
आनंद करनि गंग महारानी॥
जय भागीरथि सुरसरि माता।
कलिमल मूल दलनि विख्याता॥

जय-जय-जय हनु सुता अघ हननी।
भीषम की माता जग जननी॥
धवल कमल दल मम तनु साजै।
लखि शत शरद चंद्र छवि लाजै॥
वाहन मकर विमल शुचि सोहै।
अमिय कलश कर लखि मन मोहै॥
जड़ित रत्न कंचन आभूषण।
हिय मणि हार, हरणितम दूषण॥
जग पावनि त्रय ताप नसावनि।
तरल तरंग तंग मन भावनि॥
जो गणपति अति पूज्य प्रधाना।
तिहुँ ते प्रथम गंग अस्नाना॥
ब्रह्म कमंडलु वासिनि देवी।
श्री प्रभु पद पंकज सुख सेवी॥
साठि सहस्त्र सगर सुत तार्यो।
गंगा सागर तीरथ धार्यो॥
अगम तरंग उठ्यो मन भावन।
लखि तीरथ हरिद्वार सुहावन॥
तीरथ राज प्रयाग अक्षयवट।
धर्यौ मातु पुनि काशी करवट॥
धनि-धनि सुरसरि स्वर्ग की सीढ़ी।
तारणि अमित पितृ पद पीढ़ी॥
भागीरथ तप कियो अपारा।
दियो ब्रह्म तब सुरसरि धारा॥

जब जग जननी चल्यो हहराई।
शंभु जटा मह रह्यो समाई॥
वर्ष पर्यंत गंग महारानी।
रहीं शंभु के जटा भुलानी॥
मुनि भागीरथ शंभुहिं ध्यायो।
तब इक बूँद जटा से पायो॥
ताते मातु भई त्रय धारा।
मृत्यु लोक, नभ अरु पातारा॥
गई पाताल प्रभावति नामा।
मंदाकिनी गई गगन ललामा॥
मृत्यु लोक जान्हवी सुहावनि।
कलिमल हरणि अगम जग पावनि॥
धनि मइया तव महिमा भारी।
धर्म धुरि कलि कलुष कुठारी॥
मातु प्रभावित धनि मंदाकिनी।
धनि सुरसरित सकल भयनासिनी॥
पान करत निर्मल गंगा जल।
पावत मन इच्छित अनंत फल॥
पूरब जन्म पुण्य जब जागत।
तबहिं ध्यान गंगा महं लागत॥
जई पगु सुरसरि हेतु उठावहि।
तइ जगि अश्वमेध फल पावहि॥
महा पतित जिन काहु न तारे।
तिन तारे इक नाम तिहारे॥

शत योजनहू से जो ध्यावहिं।
निश्चय विष्णु लोक पद पावहिं॥
नाम भजत अगणित अघ नाशै।
विमल ज्ञान बल बुद्धि प्रकाशै॥
जिमि धन मूल धर्म अरु दाना।
धर्म मूल गंगाजल पाना॥
तव गुण गुणन करत दुःख भाजत।
गृह-गृह संपति सुमति विराजत॥
गंगहि नेम सहित नित ध्यावत।
दुर्जनहूँ सज्जन पद पावत॥
बुद्धिहीन विद्या बल पावै।
रोगी रोग मुक्त ह्वै जावे॥
गंगा-गंगा जो नर कहहीं।
भूखे नंगे कबहुँ न रहहीं॥
निकसत ही मुख गंगा माई।
श्रवण दाबि यम चलहिं पराई॥
महाँ अधिन अधमन कहँ तारे।
भए नर्क के बंद किवारे॥
जो नर जपै गंग शत नामा।
सकल सिद्ध पूरन ह्वै कामा॥
सब सुख भोग परम पद पावहिं।
आवागमन रहित ह्वै जावहिं॥
धनि मइया सुरसरि सुखदेनी।
धनि-धनि तीरथ राज त्रिवेणी॥

ककरा ग्राम ऋषि दुर्वासा।
सुंदरदास गंगा कर दासा॥
जो यह पढ़े गंगा चालीसा।
मिलै भक्ति अविरल वागीसा॥

नित नव सुख संपत्ति लहैं, धरैं, गंग का ध्यान।
अंत समय सुरपुर बसै, सादर बैठि विमान॥
संवत् भुज नभ दिशि, राम जन्मदिन चैत्र।
पूरण चालीसा कियो, हरि भक्तन हित नैत्र॥

मंगल कामना

स्वस्ति प्रजाभ्यः परिपालयन्ता, न्याय्येन मार्गेण महीं महीशाः।
गोब्राह्मणेभ्यः शुभमस्तु नित्यं, लोकाः समस्ताः सुखिनो भवन्तु॥
काले वर्षतु पर्जन्यः पृथिवी शस्यशालिनी।
देशोऽयं क्षोभरहितो ब्राह्मणाः सन्तु निर्भयाः॥
दुर्जनः सज्जनो भूयात्सज्जनः शान्तिमाप्नुयात्।
शान्तो मुच्येत बन्धेभ्यो मुक्तश्चान्यान्विमोचयेत्॥
सर्वस्तरतु दुर्गाणि सर्वे भद्राणि पश्यतु।
सर्व कामानवाप्नोतु सर्वे सर्वत्र नन्दतु॥
सर्वे भवन्तु सुखिनः सर्वे सन्तु निरामयाः।
सर्वे भद्राणि पश्यन्तु मा कश्चिद्दुःखभाग्भवेत्॥
शांतिः शांतिः शांतिः।

श्रीमंगलाचरण

कर्पूरगौरं करुणावतारं,
संसार सारं भुजगेंद्रहारम्।
सदा वसन्तं हृदयारविन्दे,
भवं भवानिसहितं नमामि॥
गजाननं भूतगणादिसेवितं,
कपित्थजम्बूफल चारु भक्षणम्।
उमासुतं शोकविनाशकारकं,
नमामि विघ्नेश्वरपादपंकजम्॥

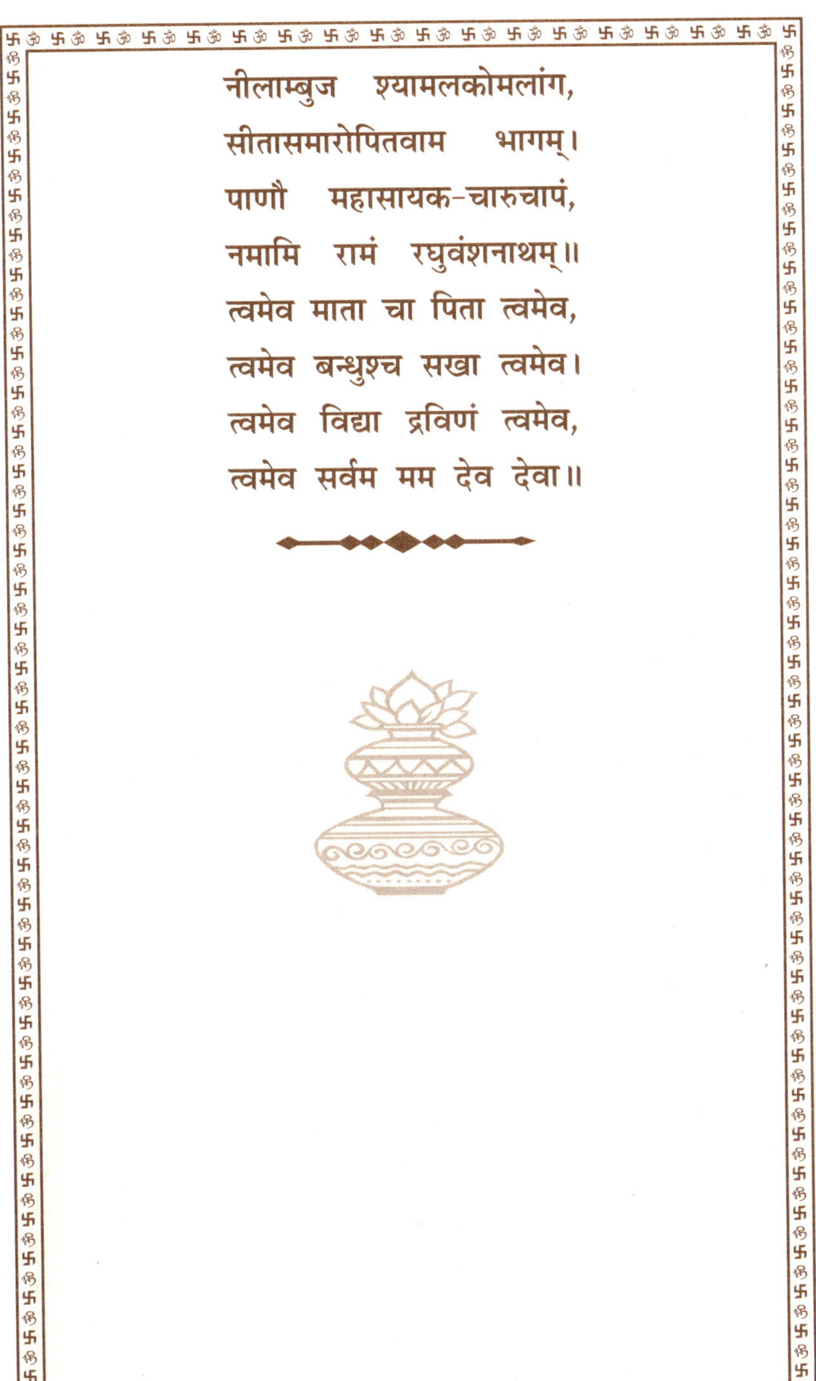

नीलाम्बुज श्यामलकोमलांग,
सीतासमारोपितवाम भागम्।
पाणौ महासायक-चारुचापं,
नमामि रामं रघुवंशनाथम्॥
त्वमेव माता चा पिता त्वमेव,
त्वमेव बन्धुश्च सखा त्वमेव।
त्वमेव विद्या द्रविणं त्वमेव,
त्वमेव सर्वम मम देव देवा॥

आरती श्रीगणेश जी की

जय गणेश जय गणेश जय गणेश देवा।
माता जाकी पार्वती पिता महादेवा।
लड्डुवन का भोग लगे सन्त करें सेवा।
एकदन्त दयावन्त चार भुजा धारी।
मस्तक सिन्दूर सोहे मूसे की सवारी।
अन्धन को आँख देत कोढ़िन को काया।

बाँझन को पुत्र देत निर्धन को माया।
लड्डुवन का भोग लगे सन्त करें सेवा।
हार चढ़ें फल चढ़ें और चढ़ें मेवा।
दीनन की लाज राखो शम्भु-सुत वारी।
कामना को पूरा करो जग बलिहारी।

आरती श्रीजगदीश जी की

ओउम् जय जगदीश हरे, स्वामी जय जगदीश हरे।
भक्त जनन के संकट क्षण में दूर करे।
जो ध्यावे फल पावे दुःख विनसे मन का।
सुख संपत्ति घर आवे कष्ट मिटे तन का।

मात-पिता तुम मेरे शरण गहूँ मैं किसकी।
तुम बिन और न दूजा आस करूँ जिसकी।
तुम पूरण परमात्मा तुम अंतर्यामी।
पारब्रह्म परमेश्वर तुम सबके स्वामी।
तुम करुणा के सागर तुम पालन कर्ता।
मैं मूरख खल कामी कृपा करो भर्ता।
तुम हो एक अगोचर सबके प्राणपति।
किस विधि मिलूँ दयामय तुमको मैं कुमति।
दीनबंधु दुःखहर्ता तुम रक्षक मेरे।
करूणा हस्त उठाओ द्वार पड़ा तेरे।
विषय विकार मिटाओ पाप हरो देवा।
श्रद्धा भक्ति बढ़ाओ संतन की सेवा।
श्री जगदीशजी की आरती जो कोई नर गावे।
कहत शिवानंद स्वामी सुख संपत्ति पावे।

आरती श्रीरामचन्द्र जी

आरती कीजै श्री रघुबरजी की।
सत चित आनन्द शिव सुन्दर की॥
दशरथ-तनय, कौसिला-नन्दन।
सुर-मुनि-रक्षक दैत्य-निकन्दन॥
अनुगत-भक्त भक्त-उर-चन्दन।

मर्यादा - पुरुषोत्तम वरकी॥
निर्गुण-सगुन अरूप-रूपनिधि।
सकल लोक-वन्दित विभिन्न विधि॥
हरण शोक-भय, दायक सब सिधि।
मायारहित दिव्य नर-वरकी॥
जानकि पति सुराधिपति जगपति।
अखिल लोक पालक त्रिलोक गति॥
विश्ववंद्य अनवंद्य अमित-मति।
एकमात्र गति सचराचर की॥
शरणागत - वत्सल - व्रतधारी।
भक्त-कल्पतरु-वर असुरारी॥
नाम तेल जग पावनकारी।
बानर-सखा, दीन-दुःख हर की॥

आरती श्रीशिव जी की

जय शिव ओंकारा, भज शिव ओंकारा।
ब्रह्म, विष्णु, सदाशिव, अर्द्धांग्री धारा।
एकानन चतुरानन पंचानन राजै।
हंसासन गरुड़ासन वृषवाहन साजै।

दो भुज चार चतुर्भुज दसभुज अति सोहै।
त्रिगुन रूप निरखते त्रिभुवन जन मोहे।
अक्षमाला वनमाला मुण्डमाला धारी।
त्रिपुरारी कंसारी कर माला धारी।
श्वेताम्बर पीताम्बर बाघम्बर अंगे।
सनकादिक गरूणादिक भूतादिक संगे।
कर के मध्ये कमंडलु चक्र त्रिशुलधारी।
सुखकारी दुःखहारी जगपालन कारी।
ब्रह्मा विष्णु सदाशिव जानत अविवेका।
प्रणवाक्षर में शोभित ये तीनों एका।
त्रिगुणस्वामीजी की आरती जो कोई नर गावे।
भजत शिवानन्द स्वामी सुख सम्पत्ति पावे।

आरती श्रीकुञ्ज बिहारीजी की

आरती कुञ्ज बिहारी की, गिरधर कृष्ण मुरारी की।
गले में वैजन्ती माला, बजावें मुरली मधुर बाला,
श्रवण में कुण्डल झल काला, नन्द के आनन्द नन्दलाला।
नन्द के आनन्द मोहन बृजचंद
परमानन्द राधिका रमण बिहारी की॥

गगन सम अंग कांति काली, राधिका चमक रही आली।
लतन में ठाढ़े बनमाली, भ्रमर सी अलक,
कस्तूरी तिलक, चन्द्र सी झलक,
ललित छवि श्यामा प्यारी की।
कनकमय मोर मुकुट विलसैं, देवता दर्शन को तरसैं,
गगन सैं सुमन बहुत बरसैं, बजे मुरचंग, मधुर मिरदंग,
ग्वालिनी संग, अतुल रति गोप कुमारी की॥
जहाँ से प्रकट भई गंगा, कलुष कलि हारिणी श्रीगंगा।
स्मरण से होत मोह भंगा, बसी शिव शीश, जटा के बीच,
हरै अध कीच, चरण छवि श्रीबनवारी की॥
चमकती उज्ज्वल तट रेणू, बजा रहे वृन्दावन वेणू,
चहुँ दिशि गोपी ग्वाल धेनू, हँसत मृदु मन्द, चाँदनी चन्द,
कटत भव फन्द, टेर सुनो दीन भिखारी की॥

श्रीहनुमान जी की आरती

आरती कीजै हनुमान लला की।
दुष्टदलन रघुनाथ कला की॥ टेक॥
जाके बल से गिरिवर काँपै।
रोग-दोष जाके निकट न झाँपै॥

अंजनि पुत्र महा बलदाई।
संतन के प्रभु सदा सहाई॥
दे बीरा रघुनाथ पठाये।
लंका जारि सीय सुधि लाये॥
लंका सो कोट समुद्र सी खाई।
जात पवनसुत बार न लाई॥
लंका जारि असुर संहारे।
सियारामजी के काज सँवारे॥
लक्ष्मण मूर्छित पड़े सकारे।
आनि सजीवन प्रान उबारे॥
पैठि पताल तोरि जम-कारे।
अहिरावन की भुजा उखारे॥
बायें भुजा असुर दल मारे।
दहिने भुजा संतजन तारे॥
सुर नर मुनि आरती उतारें।
जै जै जै हनुमान उचारें॥
कंचन थार कपूर लौ छाई।
आरति करत अंजना माई॥
जो हनुमान (जी) की आरती
गावै। बसि बैकुंठ परमपद पावै॥

आरती श्रीसरस्वती जी

जय सरस्वती माता, मैया जय सरस्वती माता।
सद्‌गुण वैभव शालिनि, त्रिभुवन विख्याता॥
चन्द्रवदनि पद्‌मासिनि, द्युति मंगलकारी।
सोहे शुभ हंस सवारी, अतुल तेजधारी॥

बाएँ कर में वीणा, दाएँ कर माला।
शीश मुकुट मणि सोहे, गल मोतियन माला॥
देवी शरण जो आए, उनका उद्धार किया।
पैठि मंथरा दासी, रावण संहार किया॥
विद्या ज्ञान प्रदायिनि ज्ञान प्रकाश भरो।
मोह, अज्ञान और तिमिर का, जग से नाश करो॥
धूप दीप फल मेवा, माँ स्वीकार करो।
ज्ञानचक्षु दे माता, जग निस्तार करो॥
माँ सरस्वती की आरती, जो कोई जन गावे।
हितकारी सुखकारी, ज्ञान भक्ति पावै॥

आरती श्रीलक्ष्मी जी की

ओउम् जय लक्ष्मी माता, मैया जय लक्ष्मी माता।
तुमको निसिदिन सेवत हर विष्णु धाता॥
उमा, रमा, ब्रह्माणी, तुम ही जग-माता।
सूर्य-चन्द्रमा ध्यावत, नारद ऋषि गाता॥

दुर्गा रूप निरंजनि, सुख-सम्पत्ति दाता।
जो कोई तुमको ध्यावत, ऋद्धि-सिद्धि धन पाता॥
तुम पाताल-निवासिनि, तुम ही शुभदाता।
कर्म-प्रभाव-प्रकाशिनि, भवनिधि की त्राता॥
जिस घर में तुम रहतीं, सब सद्‌गुण आता।
सब सम्भव हो जाता, मन नहिं घबराता॥
तुम बिन यज्ञ न होते, वस्त्र न कोई पाता।
खान-पान का वैभव, सब तुमसे आता॥
शुभ-गुण मंदिर सुन्दर, क्षीरोदधि-जाता।
रत्न चतुर्दश तुम बिन, कोई नहीं पाता॥
माँ लक्ष्मीजी की आरती, जो कोई जन गाता।
उर आनन्द समाता, पार उतर जाता॥

आरती श्रीदुर्गा जी की

जय अम्बे गौरी, मैया जय श्यामा गौरी।
तुमको निशि दिन ध्यावत हरि ब्रह्मा शिवरी॥
मांग सिन्दूर विराजत टीको मृगमद को।
उज्ज्वल से दोऊ नैना चन्द्रवदन नीको॥

कनक समान कलेवर रक्ताम्बर राजै।
रक्तपुष्प की माला कंठन पर साजै॥
केहरि वाहन राजत खड्ग खप्पर धारी।
सुर-नर-मुनिजन सेवत तिनके दुःखहारी॥
कानन कुण्डल शोभित नासाग्रे मोती।
कोटिक चन्द्र दिवाकर राजत सम ज्योति॥
शम्भु निशम्भु बिढारे महिषासुर घाती।
धूम्र विलोचन नैना निशदिन मदमाती॥
चण्ड-मुण्ड संहारे, शोणित बीज हरे।
मधु-कैटभ दोऊ मारे, सुर भयहीन करे॥
ब्रह्माणी, रुद्राणी, तुम कमला रानी।
आगम निगम बखानी, तुम शिव पटरानी॥
चौंसठ योगिनी गावत नृत्य करत भैरू।
बाजत ताल मृदंगा अरु बाजत डमरू॥
तुम ही जग की माता, तुम ही हो भरता।
भक्तन की दुःख हरता, सुख-सम्पत्ति करता॥
भुजा चार अति शोभित वरमुद्रा धारी।
मनवांछित फल पावत सेवत नर नारी॥
कंचन थाल विराजत अगर कपूर बाती।
श्रीमालकेतु में राजत कोटि रतन ज्योति॥
श्रीअम्बे की आरती जो कोई नर गावे।
कहत शिवानन्द स्वामी सुख-सम्पत्ति पावे॥

आरती श्रीगंगा जी

ओउम् जय गंगे माता, मैया जय गंगे माता।
जो नर तुमको ध्याता, मनवांछित फल पाता॥
चन्द्र सी ज्योति तुम्हारी, जल निर्मल आता।
शरण पड़े जो तेरी, सो नर तर जाता॥
ओउम् जय गंगे माता॥
पुत्र सगर के तारे, सब जग को ज्ञाता।

कृपा दृष्टि तुम्हारी, त्रिभुवन सुख दाता॥

ओ3म् जय गंगे माता॥

एक बार जो प्राणी, शरण तेरी आता।

यम की त्रास मिटाकर, परमगति पाता॥

ओ3म् जय गंगे माता॥

आरती मातु तुम्हारी जो जन निज गाता।

सेवक वही सहज में, मुक्ति को पाता॥

ओ3म् जय गंगे माता॥

आरती श्रीसंतोषी माता

जय संतोषी माता, मैया जय संतोषी माता।
अपने सेवक जन की सुख संपत्ति दाता॥
सुन्दर चीर सुनहरी, माँ धारण कीन्हों।
हीरा पन्ना दमके, तन श्रृंगार लीन्हों॥

गे डिग्री लाल छटा छवि, बदन कमल सोहे।
मन्द हसत करुणामयी, त्रिभुवन मन मोहे॥
स्वर्ण सिंहासन बैठी, चँवर ढुरे प्यारे।
धूप, दीप, मधुमेवा, भोग धरे न्यारे॥
गुड़ अरु चना परमप्रिय तामें संतोष कियो।
संतोषी कहलाई, भक्तन वैभव दियो॥
शुक्रवार प्रिय मानत, आज दिवस सोही।
भक्त मण्डली आई, कथा सुनत मोही॥
मंदिर जगमग ज्योति, मंगल ध्वनि छाई।
विनय करें हम बालक, चरनन सिर नाई॥
भक्ति भावमय पूजा, अंगीकृत कीजै।
जो मन बसे हमारे, इच्छा फल दीजै॥
दुखी दरिद्री रोगी, संकट मुक्त किये।
बहु धन-धान्य भरे घर, सुख सौभाग्य दिये॥
ध्यान धर्यो जाने तेरो, मनवांछित फल पायो।
पूजा कथा श्रवणकर, घर आनंद आयो॥
शरण गहे की लज्जा, रखियो जगदम्बे।
संकट तू ही निवारे, दयामयी माँ अंबे॥
संतोषी माँ की आरती, जो कोई नर गावे।
ऋद्धि-सिद्धि सुख-सम्पत्ति, जी भरके पावे॥

आरती श्रीकाली जी

अम्बे तू है जगदम्बे काली जय दुर्गे खप्पर वाली,
तेरे ही गुण गायें भारती।
ओ मैया हम सब उतारें तेरी आरती।
माता तेरे भक्त जनों पर भीड़ पड़ी है भारी।
दानव दल पर टूट पड़ो माँ करके सिंह सवारी।

सौ–सौ सिंहों से बलशाली दस–दस भुजाओं वाली।
दुखियों के दुःख को निवारती।
ओ मैया हम सब उतारें तेरी आरती।
माँ बेटे का है इस जब में बड़ा ही निर्मल नाता।
पूत कपूत सुने हैं पर ना माता सुनी कुमाता।
सब पर करुणा दरसाने वाली, अमृत बरसाने वाली।
दुखियों के दुःख को निवारती।
ओ मैया हम सब उतारें तेरी आरती।
नहीं माँगते धन और दौलत ना चाँदी ना सोना।
हम तो माँगें माँ तेरे मन में एक छोटा सा कोना।
सबकी बिगड़ी बनाने वाली, लाज बचाने वाली।
सतियों के सत को सँवारती।
ओ मैया हम सब उतारें तेरी आरती।

आरती श्रीवैष्णो जी

जै वैष्णवी माता, मैया जै वैष्णवी माता।
हाथ जोड़ तेरे आगे, आरती मैं गाता॥
शीश पे छत्र बिराजे, मूरतिया प्यारी।
गंगा बहती चरनन, ज्योति जगे न्यारी॥
ब्रह्मा वेद पढ़े नित द्वारे, शंकर ध्यान धरे।
सेवक चँवर डुलावत, नारद नृत्य करे॥
सुन्दर गुफा तुम्हारी, मन को अति भावे।
बार-बार देखन को, ऐ माँ मन चावे॥
भवन पे झण्डे झूलें, घंटा ध्वनि बाजे।
ऊँचा पर्वत तेरा, माता प्रिय लागे॥

पान सुपारी ध्वजा नारियल, भेंट पुष्प मेवा।
दास खड़े चरणों में, दर्शन दो देवा॥
जो जन निश्चय करके, द्वार तेरे आवे।
उसकी इच्छा पूरण माता हो जावे॥
इतनी स्तुति निशदिन, जो नर भी गावे।
कहते सेवक ध्यानूँ, सुख संपत्ति पावे॥

आरती श्रीशनिदेव जी

जय-जय रविनन्दन जय दुःख भंजन।
जय-जय शनि हरे॥ टेक॥
जय भुजचारी, धारणकारी, दुष्ट दलन॥
तुम होत कुपित, नित करत दुखी, धनी को निर्धन॥

तुम धर अनुप यम का स्वरूप हो, कटत बंधन॥
तब नाम जो दस तोहि करत सो बस, जो करे रटन॥
महिमा अपार जग में तुम्हारे, जपते देवतन॥
सब नैन कठिन नित बरे अग्नि, भैंसा वाहन॥
प्रभु तेज तुम्हारा अति हिंकरारा, जानत सब जन॥
प्रभु शनि दान से तुम महान, होते हो मगन॥
प्रभु उदित नारायण शीश, नवायन धरे चरण॥

जय-जय-शनि हरे।

आरती श्रीखाटू श्याम जी

जय श्रीश्याम हरे, प्रभु जय श्री श्याम हरे।
निज भक्तन के तुमने पूरण काम करे॥
हरि जय श्रीश्याम हरे...

गल पुष्पों की माला, सिर पर मुकुट धरे।
पीत बसन पीतांबर, कुण्डल कर्ण पड़े॥
हरि जय श्रीश्याम हरे...

रत्नसिंहासन राजत, सेवक भक्त खड़े।
खेवत धूप अग्नि पर, दीपक ज्योति जरे॥
हरि जय श्रीश्याम हरे...

मोदक खीर चूरमा, सुवर्ण थाल भरे।
सेवक भोग लगावत, सिर पर चँवर ढुरे॥
हरि जय श्रीश्याम हरे...

झाँझ, नगारा और घड़ियावल, शंख मृदंग घुरे।
भक्त आरती गावें, जय जयकार करे॥
हरि जय श्रीश्याम हरे...

जो ध्यावे फल पावे, सब दुःख से उबरे।
सेवक जब निज मुख से, श्रीश्याम श्याम उचरे॥
हरि जय श्रीश्याम हरे...

श्रीश्याम बिहारी जी की आरती, जो कोई नर गावे।
गावत दासमनोहर, मनवांछित फल पावे॥
हरि जय श्रीश्याम हरे...

आरती श्रीगायत्री जी

आरती श्री गायत्री जी की॥ टेक॥

ज्ञान को दीप और श्रद्धा की बाती,

सो भक्ति ही पूर्ति करै जहँ घी की॥ आरती॥

मानस की शुचि थाल के ऊपर,

देवि की जोति जगै जहँ नीकी॥ आरती॥

शुद्ध मनोरथ के जहाँ घण्टा,
बाजै, करैं पूरी आसहु ही की॥ आरती॥

जाके समक्ष हमें तिहुँ लोक की,
गद्दी मिले तबहू लगे फीकी॥ आरती॥

संकट आवै न पास कबौं तिन्हें,
सम्पदा और सुख की बन लीकी॥ आरती॥

आरती प्रेम सों नेम सों जो करि,
ध्यावहिं मूरति ब्रह्म लली की॥ आरती॥

श्रीराम-स्तुति

श्रीरामचंद्र कृपालु भजु मन हरण भव भय दारुणं।
नव कंजलोचन, कंज-मुख, कर-कंज, पद कंजारुणं॥
कंदर्प अगणित अमित छबि नवनील-नीरद सुंदरं।
पटपीत मानहु तड़ित रुचि शुचि नौमि जनक सुतावरं॥

भजु दीनबंधु दिनेश दानव-दैत्यवंश-निकंदनं।
रघुनंद आनंदकंद कौशलचंद दशरथ-नंदनं॥
सिर मुकुट कुंडल तिलक चारु उदारु अंग विभूषणं।
आजानुभुज शर-चाप-धर संग्राम-जित-खरदूषणमं॥
इति वदति तुलसीदास शंकर-शेष-मुनि-मन-रंजनं।
मम हृदय-कंज निवास कुरु कामादि खलदल-गंजनं॥
मनु जाहिं राचेउ मिलहि सो बरु सहज सुंदर साँवरो।
करुना निधान सुजान सीलु सनेहु जानत रावरो॥
एहि भाँति गौरि असीस सुनि सिय सहित हियँ हरषीं अली।
तुलसी भवानिहि पूजि पुनि-पुनि मुदित मन मंदिर चली॥

जानि गौरि अनुकूल सिय हिय हरषु न जाइ कहि।
मंजुल मंगल मूल बाम अंग फरकन लगे॥

आरती श्रीरामायण जी

आरती श्रीरामायण जी की।
कीरति कलित ललित सिय पी की॥
गावत ब्राह्मादिक मुनि नारद।
बालमीक बिग्यान बिसारद॥
सुक सनकादि सेष अरु सारद।
बरनि पवनसुत कीरति नीकी॥1॥
गावत वेद पुरान अष्ठदस।
छओ सास्त्र सब ग्रंथन को रस॥
मुनि जन धन संतन को सरबस।
सार अंस संमत सबही की॥2॥
गावत संतत संभु भवानी।
अरु घटसंभव मुनि बिग्यानी॥
ब्यास आदि कबिबर्ज बखानी।
कागभुसुंडि गरुड़ के-ही की॥3॥
कलि मल हरनि विषय रस फीकी।
सुभग सिंगार मुक्ति जुबती की॥
दलन रोग भव मूरि अमी की।
तात मात सब विधि तुलसी की॥4॥